中华中医昆仑

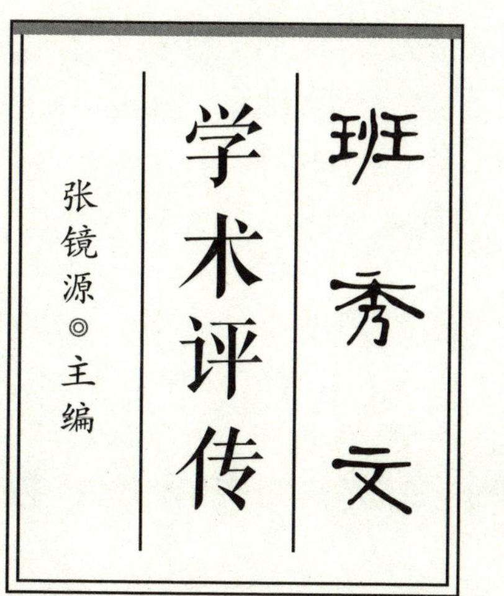

中国盲文出版社

图书在版编目（CIP）数据

班秀文学术评传（大字版）/ 张镜源主编. —北京：中国盲文出版社，2015.12

（中华中医昆仑）

ISBN 978-7-5002-6769-0

Ⅰ.①班… Ⅱ.①张… Ⅲ.①班秀文（1920～2014）—评传 Ⅳ.①K826.2

中国版本图书馆 CIP 数据核字（2015）第 314283 号

班秀文学术评传

主　　编：张镜源
责任编辑：戴皓宁
出版发行：中国盲文出版社
社　　址：北京市西城区太平街甲 6 号
邮政编码：100050
印　　刷：北京华联印刷有限公司
经　　销：新华书店
开　　本：700×1000　1/16
字　　数：42 千字
印　　张：6.75
版　　次：2015 年 12 月第 1 版　2015 年 12 月第 1 次印刷
书　　号：ISBN 978-7-5002-6769-0/K・411
定　　价：12.00 元
销售服务热线：（010）83190297　83190289　83190292

丛书编委会

前　言

中医药是中华民族的伟大创造，是世界医学宝库中的夺目瑰宝，数千年来为中华民族的繁衍昌盛作出了巨大的不可磨灭的贡献，至今仍是中国医药卫生事业不可分割的重要组成部分，在维护民族体魄康健、促进经济社会发展中发挥着不可替代的作用。

中医药学，是中华传统文化和科技文明的结晶，是勤劳聪慧的中华儿女在几千年生产生活实践中，在与疾病作斗争的过程中，创造的独具特色的医学科学体系。它有着浓郁的民族特色、深厚的文化底蕴和丰富的哲学内涵。经过一代又一代中医药传人、一辈又一辈名医大家的实践探索、薪火传承、总结完善、创新发展，逐步形成了系统的理论体系、独特的诊疗方法、丰富的医学内容、实用的制药技术。具有疗效确切、用药安全、应诊灵活、普适简廉和预防保健作用显著的巨大优势，在世界医学之林独树一帜，为人类的文明进步与医疗保健事业，已经并正在作出积极的贡献。

为了弘扬中华民族传统文化，彰显中医药学家的丰功伟绩，当代中医药发展研究中心与中国文学艺术界联合会、国家中医药管理局新闻办公室、中华中医药学会、中国中医科学院、北京中医药大学、世界中医药学会联合会等精诚合作，在国家中医药管理局的支持和指导下，为中华近现代百年来贡献卓著、深受敬仰的150位中医药学家，编撰出版了这部大型传记丛书。丛书采用评传体裁，记载他们的生平事迹、医术专长、学术思想、传承教育、医风医德、养生之道和突出贡献，使这些宝贵的医学成就和精神财富发扬光大，千古流芳。

丛书取名《中华中医昆仑》。昆仑山，被尊为“万山之祖”，柱西北而瞰东南，立中国而凭世界，凌驾乾坤，巍然屹立。以其高峻豪迈、绵延起伏的磅礴气势，寓意中华中医药学历史悠久、博大精深和永不衰竭；以其挺拔雄伟、高耸入云的恢弘气魄，彪炳一代中医药学家的丰功伟绩、杰出贡献和不朽勋业。

丛书入选传主，从全国范围推荐遴选，遍及中医药界各个领域。有临床家、理论家、药学家、教育家、医史文献学家；有名师亲授、世医家教、学派传人、院校毕业和自学成才者；有师徒并驾、父子齐名和伉俪联袂者。他们学术造诣深厚、诊疗技术精湛、临床经验丰富、学科地位崇高、科研成果丰硕、医风医德高尚、国内外影响较大，从医学理论到临床实践，为中医药事业的传承和发展作出了突出贡献，是近现代百年来中华中医药界的杰出代表。

丛书的出版，对于弘扬中华文化，振兴中医药事业，造就中医药人才，普及中医药知识，具有重要的现实意义和深远的历史意义。这是一项开创性工作，填补了我国为著名中医药学家大规模撰写传记的空白；也是一项抢救性工作，因入选传主已仙逝过半，许多亲历、亲见、亲闻的史料日见散逸，将之收集整理、编撰成书，功垂后世、利国利民；更是一项承前启后的工作，总结传主经验，传承中医药伟业，继往开来，光耀世界医学之林。这部医文结合，富蕴历史性、学术性、文学性和实用性的鸿篇巨制，对医疗、卫生、科研、教育及全球关注中华中医药文化的各界人士，都有重要的参考和阅读价值。

丛书的编撰出版，是一项巨大的中医药文

化建设工程，在策划、撰写、编辑、出版过程中，自始至终得到了国家有关领导、政府部门及社会各界人士的关心和支持。国家中医药管理局高度重视，并组织专家对全书进行终审；数百名专家、学者亲临指导，参与规划；有关省、市、自治区卫生厅、局、中医局（处）给予大力帮助；传主及其亲属、弟子热情支持、密切配合；撰稿人深情满怀、辛勤笔耕；编审专家尽心竭力、精工细琢；关爱中医药事业的企业家热心公益、慷慨资助；全体工作人员不辞辛劳、无私奉献，这一切使丛书得以顺利出版。对此，我们深表谢意。

由于时间紧迫和资料搜集困难，加之水平有限，难免有疏误之处，敬请广大读者批评指正。

中华中医药学，历史悠久，源远流长，发端于远古，奔向于未来。百年对于历史，不过是短暂的瞬间；百人对于万众，不过是沧海一粟。然本丛书所记载的百年百人，则无疑是波澜壮阔的中医药发展史上辉煌的篇章和光芒闪烁的璀璨星辰。

张镜源

寒舍牛娃　苦读成才　/ 07
山乡行医　悬壶济世　/ 14
精研经典　致力创新　/ 20
博采百家　功在妇科　/ 34
壮族医药　华夏奇葩　/ 56
长寿要旨　养生第一　/ 63
广施医道　育人不倦　/ 76

学在于勤，医贵于精。

——班秀文

班秀文，字壮，著名中医临床家。1920 年 1 月出生在广西隆安县雁江乡长安村那料屯的一个壮族家庭。首批全国老中医药专家学术经验继承工作指导老师。擅长治疗内、妇、儿科疾病，以妇科为专。2009 年由人力资源和社会保障部、卫生部、国家中医药管理局评选为国医大师。

班秀文治学严谨，学验俱丰，主张辨证审慎，用药精专。他十分重视对中医经典著作的学习，对其苦心钻研以继承和发扬。如对《伤寒论》的学习，他认为，学习这部中医学奠基之作贵在“灵活”二字，既要正确评价《伤寒论》，又要学以致用，把《伤寒论》的辨证论治和临床实际紧密结合，突破前人理论和治疗上的局限，进行创造性发挥。他将《伤寒论》的六经辨证应用在妇科领域，以其理论、辨证、立法、遣方原则来说明妇女疾病，总结其治疗规律，丰富了妇科病的辨证治疗方法，把《伤寒论》在妇科领域的应用向前推进了一步。

在妇科疾病的治疗上，班秀文崇尚肝肾之说，强调“治血”的重要性。他认为，妇女以血为本，以血为用，其生理功能活动或病理变化均与血分息息相关。肝藏血，妇女以肝为先天，而治血必先治气，气生于肾而主于肺，故调肝补肾、治血是妇科病治疗的重要法则。治疗月经病时，重点在肾，注重活血通络；治疗带下病时，以治湿为主，兼以治血，血水两治；治疗不孕症时，注重调治肝肾，使开阖、藏泻有度，精足而子嗣；治疗妊娠病时，以补肾安胎为主，兼以健脾益气，柔肝养血；治疗产后病时，调补肝肾，补养气血，扶正固本，活血通络化瘀，以治其标。

作为壮族人民的儿子，班秀文在努力攀登中医妇科学术高峰的同时，还投以很大的精力和心血，着手自己的民族医药——壮族医药的研究和发展工作。通过他的努力，我国第一家壮医门诊部得以建立并开展诊疗工作。他还在广西中医学院成立了壮族医药研究所。他招收了壮族医药史硕士研究生，为广西中医学院培养了一批壮医高级人才。

班秀文从医 70 余年，将毕生的精力投身于祖国医药事业当中。作为一名临床医生，他医德高尚，以活人济世为怀，凡来求诊者，均一视同仁，平等对待，贴心安慰，深得患者爱戴。作为一名教师，他在中医教学中辛勤耕耘，桃李满天下。为了中医药的传承和发扬，他深入研究中医理论，结合自己的临床经验与体会，著书立说，留于后人。集中反映班秀文妇科学术理论和经验的专著有《班秀文妇科医论医案选》、《妇科奇难病论治》、《班秀文临床经验辑要》。他还编有《中医药基础理论》、《中医妇科发展史》等教材。

班秀文曾先后担任广西高等教育学会理事、广西医药卫生委员会委员、广西中医药学会副会长、广西中医妇科委员会主任委员、广西民族医药研究所顾问、《广西中医药》编委会副主任委员及主编、第六届全国人大代表、中国南阳张仲景学说研究会顾问、中华全国中医学会理事及妇科委员会委员、中华医史学会理事、澳大利亚自然疗法医学院名誉教授等职。

寒舍牛娃　苦读成才

战国时期，岭南称百越之地，广西属“百越”的一部分，壮族是古代百越部族西瓯和骆越支系的后裔，是在广西最早居住的民族。生活在这里的人们利用山间草药、针灸火罐来治疗疾病，有着悠久的医药文化历史。班秀文祖父是当地颇有名望的骨伤科医生，用草药治愈了不少跌打损伤、虫蛇咬伤病人，深受当地群众爱戴。班秀文 6 岁时就常随祖父上山认药、采药，在祖父的熏陶和影响下，他自幼就对医药学产生了浓厚的兴趣。7 岁那年，祸从天降，祖父和父亲都患上了急性热病，在 1 个月内相继去世。为安葬亲人，母亲不得不变卖了仅有的几亩薄田和房屋。从此母亲拉扯着年幼的班秀文和妹妹，在贫寒中度日。为维持生活，母亲带着一对儿女迁往果德县（现平果县），班秀文被寄养在姨妈家，并给当地的富家当了放牛娃。

幼小的班秀文铭记祖父“勤学刻苦，学医济世”的遗训，一边放牛，一边随一位曾读过几年私塾的梁老伯学习认字。在牧牛的时候，梁老伯就以鞭杆为笔，以大地泥沙为纸，教班秀文识字、写字。从“牛”字开始，一直学到牛角、牛头、牛身、牛腿、牛尾巴……每天学习一两个字。在 4 年多的牧童生活里，班秀文不仅学会了写自己的名字，而且还认识了许多字。12 岁那年，母亲在亲戚的接济下，把他接回家，并送他上学读书。虽只有牧童时“牛鞭识字”的基础，但靠着强烈的求知欲和毅力，从三年级插班上学的他，很快地就跟上了同班同学。1 年后，他一跃成为班上学习成绩最优秀的学生。因为难以负担学费，只进了两年学堂的班秀文，就又面临辍学的境遇。在老师和同学的鼓励下，班秀文参加了高小的考试，在近 500 名考生中，他竟然以第一名被录取。校长是位德高望重的读书人，觉得班秀文是个难得的人才。由于他勤奋刻苦、成绩优秀，学校给予他免交学费的待遇。在学校里，他废寝忘食，手不释卷，始终保持着名列前茅的好成绩。高小毕业后，因家境窘迫，升学无望，在村里一位长者的推荐下，16 岁的班秀文便成为雁江村小学的一名教员。微薄的收入不仅要维持自己的生活，还要接济家用。在这里，他白天完成上课任务，晚上则坚持自学，阅览多方面的书籍，不断充实自己的学识。他心中暗想：总有一天，自己会像祖父一样，学医济世，治病救人。

“善飞能舞世人敬，皇天不负有心人。”1937 年秋，广西省立南宁医药研究所（本科）在果德县公开招考两名学生。这是当时广西最好的中医教育学府，而且是公费。班秀文得知这个消息后，内心十分激动，觉得自己终于有机会学医了，立即报名参加考试。县里的许多读书人也纷纷报考，其中还有班秀文高小时的老师。结果班秀文以全县第一名的优异成绩被录取，这个消息让全家人都异常欣喜。能进入省立南宁医药研究所学习，既是一个难得的机遇，同时也能实现祖父“学医济世”的遗训。虽然为公费学校，并为班秀文提供最低的伙食费，但其他费用仍需自理。这对于靠替人挑水维持生计的母亲来说，供儿子上学仍感到力不从心。母亲对班秀文说：“家里实在太穷了，虽然你很争气，但是这书我们还是读不起。南宁，你不要去了。”闻及此言，班秀文跪在母亲面前，哭着说：“能够去南宁学医的机会来之不易，我一定要去。”他苦苦哀求母亲，让他继续求学，并承诺自己对学习以外的东西别无他求，只希望能够步入医林，实现自己的愿望。但是母亲还是忍痛拒绝了儿子的请求，让他工作养家。母亲的决定，让少年班秀文十分痛苦。他把自己关在房里，伤心流泪，三天不进饮食。此举触动了慈祥的母亲，不让儿子读书，就有可能失去儿子。事已至此，母亲只好搜尽家里仅有的铜板，对班秀文说："家里就只有这7个铜板了，你拿去吧。"母亲的话，让班秀文高兴的同时又感到十分心酸。母亲的决定意味着在今后的几年中，她将会更加操劳、更加辛苦，既要支撑起她自己和妹妹的生活，还要提供他在南宁学习的部分生活费。望着两鬓花白的母亲，班秀文暗暗在心里说：以后一定不让母亲再如此辛苦劳累，一定要好好孝顺母亲。心中有了憧憬和信念，班秀文越发感到周身充满了力量。在开学前的那段日子里，他拼命地砍柴，打草，种地，采草药，还给自己编了十双草鞋。就这样，到了上学的日子，班秀文揣着7个铜板，步行三天三夜，来到距离果德150公里的省会南宁，这时他已经磨坏了三双草鞋。

进入广西省立南宁医药研究所，班秀文系统地学习了《黄帝内经》、《伤寒论》、《金匮要略》、温病学、中药学、方剂学、妇科、儿科、针灸等课程。在3年的时间里，他勤奋学习，寒暑不辍。班秀文认为，只有通过勤奋和虚心，才能学到真正的本事和医疗知识。他除了日夜不懈地忘我攻读外，还抱着“三人行，必有我师”的态度，虚心向老师请教，与同学切磋。他说：“我觉得，每位老师和同学，都有自己的绝招。”他认真揣摩老师的治学和辨证方法、用药特点，注意观察同学的学习方法，并不断总结记录下来。这种学习习惯的培养，有助于他在日后的从医路上更好地吸取各派医家的学术专长。他的勤奋刻苦精神深得该校教师刘惠宁、刘六桥的喜爱，老师们常带他到自己的诊所见习，让他切脉问病，抄方配药，使他在基础理论和临床实践诸多方面奠定了坚实的基础。

在求学期间，班秀文在南宁3年，没有买过一件新衣，所穿的草鞋都是自己亲手所编。每逢放假回家，因无钱搭车，都是步行往返，几年里磨坏草鞋数十双。就是这样艰苦生活的磨砺，铸就了班秀文坚强、百折不挠的性格。靠着这种勤奋笃实的治学精神，他把许多中医经典著作通阅精读，口诵心记，从浅到深，由博返约，日积月累，终于学而有成，从一个乡村放牛娃成长为一名医学本科毕业生。

山乡行医　悬壶济世

1940年秋，班秀文从广西省立南宁医药研究所毕业，被分配到桂西山区凌云县平私医务所当所长兼医师。当时中国正值抗日战争时期，山区人民生活十分贫困，缺衣少食，医疗更是得不到保障，缺医少药，很多疾病得不到医治。班秀文十分同情劳动人民的疾苦，经常到山区给群众看病。遇到病人付不起钱，他就少收或免收药费。由于医务所药物极少，群众也无力到药店买药，于是班秀文在行医的路上，都会采些草药带在身上，每到一处，就用草药和针灸给群众治病防病。一些茎叶、树皮，几根小针，或一节牛角，看似简单，但在班秀文的手中就是治病救人的药物和工具。他不仅治疗一般的常见病、慢性病，也治疗急性传染性疾病，如疟疾、痢疾、回归热等。在草药方面，他的用药范围越来越广，往往内服药与外用药兼施；他的针灸技艺也在不断提高。如治疗乳房红肿、发热、疼痛的乳腺炎，他常用芭蕉根捣烂加温外敷患处，1～2 小时后乳房疼痛即可消失。继之在背部心俞穴、肝俞穴针挑出血；第二天换用鲜马鞭草捣烂加温外敷患处，一般治疗 2～4 天肿痛完全消失。另外，治疗食滞泄泻，用番桃叶嫩苗，效果神奇。在班秀文的努力下，当地山区群众的健康有了一定的保障。班秀文工作兢兢业业，不辞劳苦，救人无数，得到了群众的拥护和爱戴。但个人的力量终归是渺小和不足的，他深切地希望政府能体恤民情，为山区配备更多的人员和药材。但是，由于当时战火不断，加上军队的扩编，人民陷于战争之苦，政府甚至取消了对山区医疗的支持，以致民不聊生，有病难医。在这种情况下，班秀文的医术和抱负无法得到施展，他不禁感慨道：既然不能为民谋医，又何必当这个“不称职”的所长呢！无奈之下，他以病为借口辞职返乡。

回到家乡果德后，班秀文积极寻求行医救民之处所，他先是到县中学医务室供职，负责教师及学生的卫生保健工作，并兼教一些课程。工作一段时间之后，班秀文自觉中学里病种简单，病人量少，鸿鹄之志难以实现，于是离开了学校。随后他进入县卫生院工作，但由于当时社会黑暗，班秀文苦于人事之间的困扰而不能全神贯注地行医。1946年他辞去公职，在县城悬壶开业，不但诊金便宜，还时常免费诊治，赠人草药。班秀文对病人无论病情轻重，均认真负责，细心诊治，无论贫富贵贱，均一视同仁。在当时极其艰苦的条件下，他用手中的针砭和草药，解除了当地群众的病痛之苦。不久，良医的名声渐渐在群众中流传开，班秀文成了当地一位有名望的医生。在此期间，年轻的班秀文还被选为果德县中医师公会理事长。他将治病救人视为终身使命。他认为，医为仁术，是救人济世之举；人命至重，为医者要有割股之心。作为一名医生要体察民疾，不图名利；要博及医源，精勤不倦，持之以恒，融会贯通，精益求精，不负众望，才能有所成就。

中华人民共和国成立后，班秀文积极响应国家的号召，力求“中医科学化”。1951 年 3 月，他被保送到广西省立第六医士学校及中南抗疟人员训练班学习，在那里他认真学习了许多西医基础理论知识，为后来中西医汇通打下了良好的基础。1952 年，班秀文参加了广西民族卫生工作队，深入到广西的壮乡苗寨，为少数民族群众防病治病。由于山区工作流动性大，只能随身携带部分常用中草药。遇到复杂的疾病，在交通闭塞、药品奇缺的山区村落里，他的针灸和草药特长又一次得到了发挥。翌年春天，广西隆林县德峨乡回归热流行，疾病迅速蔓延，如恶魔般吞噬了众多山民的生命。上级令他火速奔赴疫区救治群众。他一到德峨，便一头扎进一个寨子里。寨子里几十户苗族人家，家家都有患病的，户户都像个大病房、死尸窟。一户五六口之家，有的全部病倒，有的则已倒毙二三口。山寨内家家哀泣，缺少生机；山寨外，新坟重重叠叠，座座相连。班秀文奋不顾身地投入抢救，挨家挨户地诊病、发药，并亲自到山上采药，回来后煎药、灌药，通宵达旦地忙碌。饿时扒几口冷饭，困得实在坚持不住了，就靠着墙打个盹儿，醒来又接着干。一个星期后，大部分病人开始转危为安，唯独一老妇仍然高烧不退，昏厥不醒，而且下半身还散发出阵阵恶臭。班秀文重新给她仔细检查，发现她既患回归热，又患妇人崩漏，遂及时调整药方。3 天后，老妇苏醒过来，看到班秀文熬得通红的双眼和疲惫的神情，她皲裂的嘴唇里发出了模糊的声音：“恩人，救命恩人哪！”半个月后，班秀文把寨里所有濒临死亡的病人全部抢救了过来。当他准备赶往另一个村寨时，寨里的男女老幼从各自的屋舍里跑出来，含着热泪目送出一程又一程。

俗话说：“宁治十男子，不治一妇人。”在山区行医过程中，班秀文有感于当地壮族妇女忍辱负重、劳作辛苦，并饱受经带之疾的折磨，又想起自己的母亲为了能让他上学，独自一人承担起家庭的重负，他决心要尽自己的最大努力解除妇女的疾苦，于是从以往专攻内科病，开始转为注重妇科疾病的诊治。

精研经典　致力创新

班秀文注重对前人经验的学习和总结。他认为，在中医界后继乏人、乏术的现状还没有得到根本改善的情况下，应该特别强调继承的重要性。在重视继承的同时，又要注意发扬。没有继承，等于无源之水、无根之木，当然就没有发扬可言；只有很好地继承，才谈得上发扬；但是，只强调继承而忽视发扬，则会使学术停滞不前，甚或倒退。因此，应该以继承为基础，在继承中发扬，在发扬的过程中更好地继承，继承与发扬相互促进。

班秀文在长期的教学和医疗实践中体会到，学好中医，用好中医，要在医学领域中有所作为，必须老老实实地从经典著作开始。班秀文认为，只有学好经典著作，根基才能牢固，日后发展才会根深叶茂。在经典著作中，最重要的是学好《黄帝内经》和《伤寒论》，前者是解决基础理论的问题，后者则是解决将理论与实践很好结合的问题。

《内经》阐述了阴阳五行、脏腑、经络、病因、病机、辨证、治则等重要的理论，是前人在长期医疗实践中积累的宝贵经验的总结。如果不能很好地掌握《内经》的理论，中医理论知识就不可能在脑中“根深蒂固”。班秀文主张在学习《内经》时，第一要粗读与精读并重，通过粗读，能初步了解《内经》的全貌，找出重要的章节和关键语句，为精读打下良好的基础；通过刻苦细致的精读，才能深入研究某一句或某一章节的精髓所在。第二是要学与用紧密结合，这样才能深刻体会原文的精神实质。《内经》中对妇科病的论述不多，却很重要，班秀文对其做了归纳整理：

第一，经孕之本在于肾。《素问·上古天真论》一方面强调肾气是月经、胎孕的根本，另一方面指出肾之所以为经孕之本，主要是依赖于“受五脏六腑之精而藏之”的作用。月经和妊娠的根本在于肾气的作用，而肾气之所以能实现一系列的生殖发育功能，除了肾本身的功能之外，必须要有五脏安和与冲任二脉的密切配合。

第二，致病原因，内伤外感，注意房劳。《内经》记载引起妇科疾病的致病因素包括外感六淫、内伤七情、房劳所伤。风寒暑湿燥火，常则为六气，能生万物，异则为六淫，其中尤以寒和热的危害最大。太寒则血液凝涩，太热则经血妄行，故而导致月经或闭止不行，或经行超前、量多、色红之变。又如“石瘕”为寒所结，瘕之所在，虽然有在肠外，有在子门，但均由外感寒邪而引起。七情过极会伤及五脏，致气血失调，阴阳失和，导致各种疾病。房劳伤肝，肾藏精，肝藏血，精血同源，在妇女则同为先天，因此清心寡欲、节制房事可固护生命的根源。如房事不节，醉以入房，则百病丛生，在妇女首先表现为月经的病变。脏腑病变导致奇经失常，其中又以冲、任、督、带脉病变最常见，因其起于女子特有的器官——女子胞，与脏腑直接或间接相连，所以脏腑病变可通过奇经影响女子胞的藏泻功能，而出现经、带、胎、产疾病。如闭经乃因胞脉闭也，胞脉属心而络于胞中，心气上迫于肺，心气不能下通，可导致闭经。

第三，治疗法则，纲领挈要。《内经》有关治则的论述，内容广泛，在大法上有正治、反治、治本、治标之分；在分类上，又有汗、吐、下、和、温、清、补、消之别。但在妇科病的治疗过程中，要重视两个方面——一方面是疏通血脉，调理气血。妇科疾病与气血失调有关，《内经》认为，七情所伤，气滞血瘀者，宜“疏其气血，令其条达，而致和平”。寒凝血瘀者，则用“血实宜决之”，“肠覃、石瘕皆生于女子，可导而下”，其目的就在于调理气机，疏通血脉，保持气血的调畅。另一方面为论证用药，贵在扶正。如《素问·六元正纪大论》曰：“妇人重身，毒之何如？有故无殒，亦无殒也……大积大聚，其可犯也，衰其大半而止。”只要是积聚类病变，即使妊娠，仍然主张使用化瘀攻伐之品。但同时注意保胎扶正，特别提出“衰其大半而止”，也即《素问·五常政大论》所说：“大毒治病，十去其六；常毒治病，十去其七；小毒治病，十去其八；无毒治病，十去其九。谷肉果菜，食养尽之，无使过之，伤其正也。”在治疗妇科疾病时，扶正兼顾祛邪、保护正气尤为重要。

第四，诊法辨证，尤重色脉。疾病的发生和发展过程，是邪正盛衰消长、相互转化的过程，要了解疾病的本质，必须通过望、闻、问、切四诊的密切配合。《素问·阴阳应象大论》说:“善诊者,察色按脉,先别阴阳。”在妇科疾病的诊断和辨证中,更重视望诊和切诊的应用。

《内经》全书共有附方13首,班秀文对《内经》的第一张治疗妇科疾病的方剂——四乌鲗骨一藘茹丸有独到的见解。方中乌鲗骨即海螵蛸,其气味咸温而下行,能软坚,能通行,凡赤白漏下及血枯经闭宜之;藘茹即茜草,气味甘寒,能止血,能活血,凡血崩或经闭可用;麻雀卵气味甘温,有温养精血之功,能治男子阳痿不举及女子阳虚带下,便溺不利;鲍鱼气味辛温,能补益精气而利血脉,为温养之佳品,与诸药同用,相得益彰。全方具有益气生精、补血养阴、强壮肝肾、活血通络之功,凡血枯精亏诸症,均可用之。

对于《伤寒论》的学习,班秀文认为核心在“灵活”二字,即一要正确评价《伤寒论》;

二要学以致用，把《伤寒论》的辨证论治和各科很好地结合起来。班秀文赞赏清代伤寒名家柯韵伯《伤寒来苏集》关于“仲景之六经为百病立法，不专为伤寒一科”的提法。《伤寒论》的思路、辨证、立法遣方，不仅用于外感伤寒，而且也适用于各科疾病。因此班秀文根据自己对《伤寒论》的学习体会及临床经验，率先提出六经辨证在妇科的应用，并发表了题为《六经辨证在妇科的应用》的论文，该论文后被日本东洋出版社摘要出版。

外感病和内伤病证候的产生，都是邪正斗争的结果。六经辨证是《伤寒论》的核心，是其主要构成部分，是探讨外感疾病传变规律和论治的依据。班秀文认为，它同样可用于其他杂病的辨证论治。外感疾病虽然是邪自外入而致病，主要以六经辨证为主，但也离不开脏腑经络辨证的基础。外感病和内伤病的致病原因，尽管有内、外之分，但归根结底仍是以脏腑经络为基础，是邪正斗争的结果，所以六经辨证同样可以说明妇科疾病的病变。他在《六经辨证在妇科的应用》一文中就把六经辨证与妇科经、带、胎、产等病变的联系作了详细的阐述。

太阳经为六经之藩篱，太阳之腑，便是膀胱，如邪热内传膀胱，邪热与水或血相搏结，就有太阳蓄水或蓄血证之变。妇女以血为主，月经的病变有多种原因，但治经不离血，凡属瘀积引起的经行错后、少腹硬痛，均可仿蓄血证之法施治。又太阳寒水主气，其见症以寒、水、湿为多。妇女的带下病，多以湿浊为主，治之多用温肾利水或扶阳化湿之法。婚后多年不孕者，如属阳虚宫寒，可用温肾暖宫之法治之。“背为太阳之主”，“心为太阳之里”，“太阳之根，即是少阳”，因此太阳病变不仅局限于经脉，而且与脏腑气血息息相关，可应用于妇科病的辨证论治。如班秀文治疗一位经行感冒患者，其月经周期、色量均正常，但每逢经行之时则感冒，症见头晕痛，鼻塞，泛恶欲吐，肢节腰脊酸痛，苔薄白，舌质淡润，脉沉不浮，证属经行正虚，荣弱卫强，腠理不密，以桂枝汤加当归、川芎，嘱经前服 3 剂，坚持半年，病不再发。

阳明经为多气多血之经，病多燥热，但由于阳明为传化之腑，与太阴相表里，因而又有虚寒之证。脾胃为气血生化之源，冲为血海，隶属于阳明，凡属脾胃虚弱致月经不调者，或水饮不化、停聚中州，或胃失和降、燥实发热致各种妇科杂病者，均可通过调理脾胃而治之。

少阳分布于胸胁，位居半表半里，与厥阴风木相表里，内寄相火，故经水适来适断，邪热内陷血室，与血相搏，因而可用小柴胡汤和解少阳，以泻肝经之邪。临床可用于经行前后不定期，胸胁苦满，乳房胀痛，或经行头晕目眩，乍寒乍热等症，可以和解少阳、调理肝气而收到预期的效果。小柴胡汤不仅为少阳病立，亦为多种杂病之宗方。

太阴湿土主气，阴中之至阴，为气血生化之源，妇女以阴血为本，有余于气，不足于血。太阴内属脾肺二脏，脾肺气虚，不能宣化水湿，则不能食而带下绵绵；脾虚不统血，脾虚不升，则可导致妇科诸病发生。

少阴内属心肾二脏，兼水火二气。邪入少阴，证多寒热夹杂，病变多在心肾二脏。肾藏精，心主血，精血互化，妇女以血为用，其经、带、胎、产的病变均与心肾有关，故常用温肾扶阳或养血宁心之法治之。班秀文曾治一少女，平素带下量多，色白而质稀，经前少腹胀痛剧烈，兼有汗出肢冷、唇面发青、经行错后等症，舌暗红，夹紫块，脉沉紧，属寒凝经痛之证，以《少阴篇》之附子汤加肉桂、吴茱萸、当归治之而收效。

厥阴为三阴之尽，是风木主气，证为寒热错杂，虚实互见，病情骤急而变化多端，故仿其法治疗妇女虚瘀兼见而患产后病或变化无常的月经病。

《金匮要略》为张仲景《伤寒杂病论》中的杂病部分，是以整体观念为指导思想，以脏腑经络为理论基础，以四诊八纲为辨证中心，以八纲八法为遣方用药的依据，是理论结合实践突出辨证论治的专著。对于其中的妇科三篇，班秀文提出了自己的看法。他认为，妇科三篇不仅论述了妇女经、带、胎、产的常见疾病，还涉及与妇女情志有关的疾病如脏躁、梅核气等，系统地阐明了理法方药，对妇科病变的辨证论治作了简要而明晰的论述。学习妇科三篇，应抓住关键，辨明疑似。如对产后腹痛，有血虚、寒凝、气滞、血瘀、瘀血兼阳明腑实之不同，辨别的关键在于：当归生姜羊肉汤证的证候要点是“腹中痛”；枳实芍药散证以“烦满不得卧”为证候特点；下瘀血汤证则是在服用枳实芍药散之后“假令不愈者，此为腹中有干血着脐下”；大承气汤证则是“少腹坚痛，此恶露不尽……不大便……烦躁发热”。医者只有注意“从药测证”，抓住关键，才能区别各证的异同。《金匮要略》妇科三篇在治疗妇女疾病方面始终本着妇女以血为用的特殊情况，照顾妇女的生理和病理特点，不论在遣方用药还是在煎法上，均时刻不忘以血为本，采取扶正不滞邪、祛邪不伤正的原则。在治疗妊娠疾病中，在辨证精详的基础上，审慎用药，适可而止，务必做到既能治病，又能顾护胎元，保证母健胎安。

在临床实践中，班秀文亦能灵活运用《金匮要略》方治疗经、带、胎、产疾病。如用温经汤治疗阳虚宫寒、冲任不足之痛经、经行前后不定期、宫寒不孕者；用胶艾汤治疗冲任脉虚、阴血不能内守之经行淋漓不止、妊娠胎漏、经后疼痛者；用桂枝附子汤、白术附子汤、甘草附子汤温化祛湿，治疗带下疾病等。特别是对于当归芍药散，班秀文认为如能运用得宜，不仅能治疗妊娠腹痛，而且对月经、带下、胎孕、产后等妇科疾病都有良好的疗效。当归芍药散方中重用芍药和营养阴，敛肝止痛；当归、川芎养血活血，调肝舒筋；白术、茯苓健脾益气，渗湿和中；泽泻甘而微寒，渗湿不伤阴。全方既有养血柔肝、健脾益气之功，又具有渗湿升阳、调理气血之效。

班秀文曾用当归芍药散治疗一位带下病患者。病人为30岁妇女，4年前人工流产后至今未孕，平时带下量多，色白黄，不时阴痒，月经周期、月经量、颜色均正常，持续3～5天干净，经行时腰及少腹胀痛，舌质淡，苔薄白，脉虚弦。诊断为湿瘀互结之带下病，辨证属湿瘀下焦，胞脉不畅。治疗当以健脾化湿、调养冲任为法，拟方如下：当归9g，白芍9g，川芎5g，茯苓15g，白术9g，泽泻9g，苍术5g，鸡血藤 15g，延胡索 9g，莪术 5g，炙甘草 5g。上药连服 3 剂，患者复诊，带下量已经减少，阴亦不痒。遂改用滋补肝肾、调养冲任方法治疗 1 月余，阴血充盈，脉络通畅，从而自然受孕。

博采百家　功在妇科

班秀文早年在壮乡行医期间，目睹了壮族山区妇女经常因辛勤劳作而多有经、带、胎、产等疾病的发生，及这些疾病带来的痛苦，遂下定决心，苦心钻研妇科学。班秀文早在南宁医药研究所学习期间，便研读历代医家的妇科专著。他师从广西著名老中医刘惠宁及刘六桥，两位先生均推崇《内经》、《伤寒论》、《金匮要略》等中医经典著作。刘惠宁在诊病过程中既注重四诊八纲的辨证，又不忽视现代医学的检查方法；刘六桥则在遣方用药上灵活多变，不拘时方、经方甚或单方，均能择善而用。班秀文受教于两位先生，并结合自己妇科病的临床经验，不仅解决了不少妇科的疑难杂症，亦逐步形成了自己独特的学术观点。

辨证论治是中医的精髓，是中医诊治疾病的主要手段之一，班秀文对此十分重视，他认为，诊治妇科疾病应注重通过四诊收集资料，以中医的整体观加以分析，审证求因，以判断病机病性。然后据此确定治疗原则及遣方用药。由于妇科疾病的病因错综复杂，仅从阴、阳、表、里、寒、热、虚、实及六经、脏腑等认识疾病，有时候还是不够全面，因此班秀文主张在辨证的基础上，要辨证与辨病相结合。这方面中医、西医各有所长，西医通过现代化的手段对疾病的病因、病位有较为清晰或微观的认识，但对疾病的性质及其邪正盛衰的认识则常显得有所不足，因此辨病既要辨中医之病，又要辨西医之病，取西医之长。如输卵管梗阻所致的不孕症，病人往往脉象平和，形色神态如常人，即使仔细询查病人，仍然无法探知其病变所在，也无法很好地对症用药。通过西医的诊疗手段，如输卵管通液或造影，能知道病位所在，但对其是否由血瘀、气滞或是痰浊所致及其对寒、热、虚、实之病性认识并不全面。解决的方法就是以中医辨证为主，适当结合西医辨病，通过西医的辨病认识病位所在，中医则通过辨证论治及整体观，从本质上认识疾病，这样有利于准确用药，提高临床疗效。在结合西医辨病时，也不要忽视中医的辨病，因中医往往在病名中包含了疾病的性质。如能在辨证论治的过程中适当结合辨病治疗，在立法用药方面才能左右逢源，收到满意的疗效。

班秀文对妇科疾病诊治有独到之处，他认为女性以血为本，血旺则经调子嗣，心主血，肝藏血，脾统血，肺主气而朝百脉，肾藏精，精血同源。妇女经、带、胎、产、乳等与血有密切的关系，水谷之精微为血之来源，血的生成和运行需要脾的化生、心的统领、肝的藏受、肺的宣布、肾的施泄等协同作用才能完成。五脏的生理活动和病理变化，均对妇女的生理及病理变化有直接或间接的影响。除五脏与妇科病的关系密切外，六腑与奇恒之府的功能正常与否也影响到妇女的生理和病理，其中尤以胃、女子胞和冲任的关系更为密切。脏腑与妇科病的关系是密不可分的。

在整体观念与辨证论治的基础上，班秀文强调调补肝肾对治疗妇科疾病的重要性。女性的经、带、胎、产均有赖于肾。肾藏精，主生殖，女性肾气充盛，天癸才能正常泌至，月经亦可按时来潮；肾气的盛衰又决定月经的盈亏、有无和是否通畅。带下疾病的产生均责之于湿，脾主升清而健运，才能不断地运化水湿。脾的运化功能除了自身以外，很大程度有赖于肾气的蒸腾气化作用。肾气盛，天癸成熟，冲任二脉通盛，则能孕育胎儿；肾气充盛，封藏功能正常，才能使胎孕牢固、胎儿顺利生产。妇科的疾病多属气血亏损，脏腑功能失调，都属于内伤的范畴，而脏腑的功能正常与否尤为重要。班秀文认为妇科诸病的治疗，尤应重视调补肝肾。如治疗月经病，除了综合分析，辨别寒热虚实及病在何脏腑而进行辨证施治外，均需要固肾培本，以善其后。凡月经病属虚证者，往往与肾有直接关系，应通过补益肾气而调经；治疗带下病，因肾对全身津液有调节作用，带下异常与肾的气化蒸腾作用有关，所以治带应以温肾健脾为主；妊娠病发病与肝肾功能失调密切相关，因此治疗妊娠病主要以补肾安胎为主；产后亡血伤津，精血同源，精血耗伤实为肝肾亏损，故仍需着眼于肝肾。

20 世纪 70 年代，一位 24 岁的患者前来就诊。患者近 1 年来反复阴道出血，淋沥不绝，血色淡红，诊断为崩漏，曾服用清热和健脾之剂而血止，但往往半个月或一个月之后再次阴道流血，屡屡发作，迁延不愈，遂求诊于班秀文。就诊时患者自觉头晕目眩，心悸耳鸣，四肢困怠，口干但不欲饮。察其舌质淡红，苔少，脉象虚细。班秀文辨证认为属气虚不能摄血，以归脾汤加益母草、阿胶治疗，连服3剂血止，血止之后改服人参养荣汤以善其后。但1个月后，患者再次就诊，自诉阴道又有出血，量少色红，自觉轻微腰部胀痛，腹部隐痛，午后微热，心悸，不能入睡，口干不欲饮水。观其舌尖红、苔少，脉虚细而略数。班秀文细查病人，认为患者经健脾益气养血之法虽血能暂止，然不能痊愈，当与肾之功能失常有关。因肾之封藏失司，冲任二脉亏损，不能制约经血，故在调理脾胃之外，尚须审明肾之阴阳偏亏，补其不足。患者尚有微热、心悸不寐、脉细数等症，属肾阴不足。肾阴不足则虚火内动于中，冲任不固而漏下不止。故以六味地黄汤加当归身、白芍、柴胡、首乌、阿胶、龟甲、茺蔚子、三七等化裁治之，连服5剂而血止，继服10余剂，滋肾养阴，以善其后，未再复发。

肝为风木之脏，内寄相火，体阴而用阳，具有疏泄气机、储藏调节血液的作用，为冲任二脉之所系。肝血下注冲任，血海按时满溢，月事能按期而至，已婚育龄女性，易孕而胎壮。冲、任、督三脉均起于胞宫，汇集于少腹下焦，与肝的生发气血密不可分。带脉环腰一周，约束诸脉，有赖于肝气的生发。若肝的疏泄功能失常，则气血失调，势必导致奇经八脉的失常。奇经功能失常，则妇女经带诸病丛生。所以班秀文对叶天士提出的“女子以肝为先天”颇为推崇。肝为阳脏，体阴而用阳，故治肝当以治用、治体、治阴阳为纲，其中又以治肝用、治肝体为要法。前者以疏泄清降为法，后者以柔养阴血为主。调肝以疏解调养为宗，使之疏中有养，养中有疏，肝气条达，疏泄功能方可正常。

一位 28 岁的妇女，产后 8 个月一直母乳喂养，每天喂乳 6～8 次，乳汁充盈。但近日出现乳汁明显减少，甚至乳汁点滴不出，婴儿虽频频吸吮，不能吸出。就诊时双侧乳房胀满疼痛，头晕目眩，脉弦细，舌淡红，苔薄白。班秀文观察病人神色焦虑，仔细询问病情，原来病人近来由于小儿患病，甚为忧虑，后又因工作不顺心，恼怒大作，随之发病。找到了发病的前因后果，班秀文认为此病属于暴怒伤肝、肝失疏泄所致。治疗应以养血柔肝、疏畅气机为法。拟方如下：当归身 12g，杭白菊 10g，何首乌 15g，合欢花 5g，玫瑰花 5g，柴胡 5g，瓜蒌壳 10g，薄荷（后下）3g，甘草 5g。并对病人耐心劝慰，打消其精神上的忧虑。病人服药 1 剂，3 小时后即有少许乳汁流出，服第二剂后，病人心情舒畅，乳汁通行如初。脾胃为气血生化之源，乳汁为气血所化生，来源于脾胃的水谷精微，如脾胃虚弱，气血不足，则乳汁生化无源，而出现乳少、乳滞。但乳汁需通过肝的生发疏泄功能，才能源源不断地分泌以喂养婴儿。

所以气血的盈亏是乳汁生化的物质基础，其中肝对乳汁的生化作用尤为重要。暴怒则火动于肝，气血逆乱，气机不畅，乳汁则淤滞不行，于是乳房胀痛。治疗当采用养血柔肝之品以舒肝气，则气机疏畅，乳行之路自然也就通达了。

班秀文认为，妇科经、带、胎、产疾病的发生均与肝肾直接相关，调补肝肾应是妇科病治疗的重要法则，在临床中应调肝与补肾同为一体。“调”者，疏解调养，“补”则分为滋补及温补。治肝偏于调，治肾偏于补。但肝体阴而用阳，肝阴易亏，肝阳易亢，因此疏肝之中必须有养，养中有疏；肾藏精，治之以补为主，并着眼于“补其不足”。因肾的病变有阴阳偏颇，故治疗不但要注意有温补、滋补之分，而且在运用滋肾养阴或温肾助阳时，均应注意补阴配阳、补阳配阴。

女性以血为本，以气为用。妇女月经、带下、胎产、泌乳等生理活动均以血为基础。由于女性生理“数脱血”的关系，女子常处于有余于气、不足于血的生理状况，故在治疗妇科疾病中，班秀文指出既要着眼于阴血的濡养，又要考虑到阳气的温煦，务必做到治血不衰气、治气要顾血，尤为强调“治血”，治血之法即是治疗妇科疾病之大法。血分为病，有血虚、血瘀、血热、血寒之分，治之当分补养、攻伐、凉开、温化之法。但女性以血为用，阴血易亏，血分多虚；血以通畅为贵，血分为病，则易致血瘀，因而在治血之中，班秀文更注重血分虚、瘀的特点，选方用药注意清热勿过寒，化瘀勿峻烈，解毒勿偏散，消导要护脾，立法遣方以甘平或甘温为佳。甘能生血而养营，温则生发通行，从而达到补而不滞、化瘀又不伤血的功效。

一患者 6 年前行人流术，后又因“宫外孕”手术，切除左侧输卵管。术中还发现右侧输卵管肿胀增粗，诊断为右侧输卵管炎症。医生说以后不能再生育了。为此，夫妇双方多次求医，最后经人介绍求治于班秀文。患者手术后月经正常，经量、经色一般，除经行时有轻微下腹疼痛外，其余无特殊不适，形体偏瘦弱，表情抑郁，舌质淡，有瘀点，苔薄白，脉虚细弦。班秀文详细询问病情后，认为患者初行人流术后，损伤肝肾，外邪乘虚侵袭，与瘀血相搏结，滞于下焦，久之积而成癥瘕。又因手术耗血伤阴，虚瘀夹杂，舌有瘀点，脉虚细弦，均为虚瘀夹杂之象。证属血虚气滞，瘀阻胞脉，当以养血活血、化瘀通络之法治之。但因其为阴虚之体，攻不宜过猛，以免伤正，宜选用养血行血、化瘀消癥又不伤正之药，攻补兼施治之，故予桃红四物汤加穿破石、丹参、鸡血藤、路路通、皂角刺，同时用猪蹄甲煲食。上方连服 20 余剂，患者自觉每于药后右下腹隐痛，数分钟后缓解。班秀文认为，此为药至病所，直达血分，邪正相争之征。仍以化瘀通络之法，为防辛窜太过而动血，加用益气扶正之品，以当归芍药散加路路通、赤芍、莪术、黄芪、穿破石、山甲粉（冲服），经上方交替使用，治疗期间适当加以疏肝通络之品。治疗半年后，经输卵管造影，右侧输卵管已通畅。又改用补益肝肾、调理冲任法促进受孕，半年后自然怀胎。

月经病为妇科最常见的疾病，不仅影响女性的身心健康，而且妨碍胎孕生育。班秀文重视对月经病的防治，他认为各种致病因素均能导致机体出现虚、郁、瘀的病理变化，月经病随之产生。治疗月经病必须治血，根据其病机的不同，采用或清热、或温化、或消瘀、或补益的方法治疗。治疗月经病须调理气血，血药多甘腻，易阻遏气机，治血尚需治气，还应适当运用活血化瘀之法。月经的产生与肝、脾、肾有关，调经重在固肾培元，兼顾疏肝柔肝，健脾和胃。班秀文将月经病辨证分为 9 个证型，即血热证、血寒证、血虚证、气虚证、气滞

（气郁）证、血瘀证、痰湿证、脾虚证及肾虚证。在临证之时，除辨证论治外，尚须考虑病人的体质、病情变化及地理气候等因素，选方用药灵活加减，从而达到预期的效果。

崩漏为妇科的危重疑难疾病之一，治疗多遵循“急则治其标，缓则治其本”的原则。塞流、澄源、复旧为治疗崩漏的三大治法。班秀文虽也采用，但并不拘泥于这三大治法。他认为重症崩漏错综复杂，不可苛求一法一方，或一味药物达到止血调经的作用，应该审证求因，根据不同的情况和病因病机灵活运用。他强调局部辨证与全身辨证相结合，辨证与辨病相结合，随证随经，因其病而药之。塞流止血是治疗崩漏的首要一步，但止血并非专用收涩之品，应该辨清寒热虚实。热者清之，寒者热之，虚者补之，实者泻之，将迫血妄行的病因去除，则血能自止。在塞流过程中，还要防止留瘀之患，常加入活血化瘀之品，如三七、益母草、蒲黄等，以达到塞流中有化，既阻其源，使之勿继续崩溃泛滥，又能化其离经之血。在经过塞流止血后，则需要澄源以治其本，根据“治病必求其本”的施治原则，进一步审证求因，辨清虚实，从根本上找出解决疾病的症结。崩漏的善后复旧，班秀文主张脾肾并重，以肾为主。因脾胃是气血生化之源，统摄血液，口服药物尚需要经过脾胃，故善后调理和巩固疗效要重视脾胃。但肾为冲任二脉之本，冲主血海，任脉为阴脉之海，冲任二脉起于胞宫属于肾。血之异常崩中漏下，与肾的开阖封藏、冲任二脉的亏损有很大的关系，所以在治疗崩漏的复旧方面，除重视调理脾胃之外，更应重视恢复肾的封藏功能，根据肾的阴阳偏颇用药，以平为期。

治疗带下之病，班秀文除了常用健脾升阳除湿之法外，还重视从肾治带。他认为，胞宫系于肾，肾为冲任之本，肾气的强弱均直接影响胞宫、冲任二脉；“水之本在肾”，脾升清而运化水湿，但有赖于肾阳的温煦作用。因此，带下病的发生与肾有着密切的联系，治带与治肾往往是密不可分的，对于带下病的辨证论治，也应立足于肾脏的调节。此外，班秀文根据长期的临床经验，还提出治带不忘治瘀的理论。尤其是久病患者，更易出现瘀阻经络，导致湿瘀互结之状。带下不离湿，湿与瘀俱为阴邪，湿邪重浊黏腻，使经脉运行不利而为瘀；瘀阻脉络，气机不畅，津液停留于体内，水湿内聚，导致湿热邪毒久恋不去，最终形成湿热瘀阻的复杂病证。故班秀文提出“治带先治湿，治湿不忘瘀”之说。在临床上以温肾健脾为宗，以祛湿为先，并灵活选用湿瘀并治之品，从而取得了满意的效果。

产后疾病泛指女性分娩后一个月内所患的疾病。其发病原因很多，总的来说是失血伤津，具有既虚又瘀的特点。对产后疾病的治疗，班秀文在审证求因、辨证论治的基础上指出，要正确处理养血扶正与化瘀生血的关系。在以虚证为主时，要以补养之品补之，为了防止留瘀之患，应该酌加行气化瘀之品，如益母草、莪术之类，使补而能活，有利于血液的再生；在以瘀证为主时，要注重逐瘀祛邪。盖瘀不去则新血不生，祛邪即为扶正，两者相反相成。他还提出，治疗产后疾病，补虚、化瘀与肾有极为密切的关系。因为肾为水脏而主津液，津血耗伤，实际为肾阴亏虚；胞宫与肾同居下焦，“胞脉者系于肾”，肾主骨而腰为肾之府也。瘀血停滞胞宫，不仅会出现小腹刺痛，恶露淋漓不尽，而且还会出现腰脊胀痛、膝软乏力之变。因此，在产后疾病的治疗中，治肾为重要的法则之一。

不孕症被认为是难治之症，历代医家均重视对不孕症的研究和治疗。班秀文长期潜心于不孕症的临床研究，对不孕症的治疗有独到之处，遵古而不泥于古，取得了良好的治疗效果。他认为，种子贵先调经，调经不忘治带。临床上鲜有月经不调能自然受孕者。月经不调的临床表现有月经先期、后期、先后不定期、月经量多或少、闭经或痛经等。班秀文调经之法重点着眼在肝、脾、肾。盖肾藏精，主生殖，为先天之本。肝藏血，主生发，为女子之先天。肝肾同源，阴阳互根，因此调补肝肾，使阴阳气血调和，是孕育的关键。临床所见性欲淡漠、无排卵者，多与肝虚不能生发、肾亏不能作强有关，治之当以调补肝肾为法。如患者多年不孕，盼子心切，常有肝郁，又要考虑疏肝理气。故在调补肝肾之时，以平补阴阳为原则，使阴阳无偏颇。他常用五子衍宗丸、归芎地黄汤出入治之。调经还要健脾和胃，以助气血之生化，使经源充足。月经病和带下病都是女性常见的疾病，两者往往同时并见，带下异常也可以影响女性的孕育。若为经带同病者，不仅要治经，还要治带。经带并治之方常选用当归芍药散。其次，经者血也，调经就是要治血，血足方可孕育胎元。班秀文根据血分的寒、热、虚、实而采用不同的方法治疗，重视血分的虚与瘀，选方用药遵循补而不滞、温而不燥、寒而不凝、攻而不散的治则，常用四物汤加鸡血藤、丹参加减出入。血为气之母，气为血之帅，气行则血行，调经要养血，养血要顺气，顺气要疏肝，故在补血调经的基础上常选用柴胡、合欢花、素馨花、玫瑰花等疏肝顺气之品。此外，因本病虚实夹杂，阴阳相兼，故在调补肝肾气血的同时，他还注意佐加温化通滞之品，如巴戟天、红花、蛇床子等。气血以通行为贵，通则能生、能养、能化、能行，故治疗不孕症疗效明显。

班秀文治病辨证审慎，在用药方面尤为精专，喜用、善用生草药。生草药指的是未经炮制的植物药。生草药应用相当广泛，在基层卫生保健及疾病的预防与治疗方面，未经炮制的生草药往往能起到很大的作用。由于生草药分布广泛，无论在山丘、平原、河岸、溪边还是海洋里均有生草药生长，因此只要有一定的草药知识，即可采集用于治病。生草药也有四气和五味之分，也有升、降、沉、浮之别，使用生草药同样需要辨证用药。病有阴、阳、表、里、虚、实、寒、热之分，需要通过望、闻、问、切四诊了解多种病证及其体征，再通过分析、综合，辨别疾病的部位、性质和正邪关系，判断疾病的证型，根据病情的不同而对证用药。因此，辨证是治病的关键，也是用药的着眼点。充分发挥生草药防病治病的作用，提高疗效，必须在辨证的基础上对证用药。此外，班秀文还强调在根据病情及药物的性味、功效用药的同时，适当的炮制能增强药效，提高疗效。

在使用生草药方面，班秀文认为，花类药物集天地精灵之气而生，其质轻清，能升发阳气、醒脾悦肝，用之得当，可逆流挽舟，使湿化瘀散，带脉得束。肝为风木之脏，内寄相火，性喜条达，主人体一身气机，且与人体奇经八脉关系最为密切。如肝气郁滞，气机不畅，影响脾之运化功能和冲任作用，可导致种种妇科疾病的发生。班秀文使用花类药物，取其醒脾悦肝之力，肝郁得解，气机得畅，从而达到行气化瘀、利湿之功效。如素馨花味甘，性平无毒，无阴阳寒热之偏颇，能疏肝而养肝阴，为疏肝健脾的常用药，常用于治疗经行乳房胀痛、急躁易怒、面部黄斑或痤疮复发、形体消瘦者。又如凌霄花味酸，性寒，入肝经，能凉血祛瘀，为凉开散瘀之品。该药药性平和，可长期使用，无峻猛伤身之虞。班秀文常用此药治疗瘀热并重的经带病，如赤白带下、腹部癥瘕、乳腺增生等病。其他常用的花类药物还有玫瑰花、佛手花、合欢花等。

藤类药物刚柔相济，得地之阴气滋养、天之阳气润濡，能屈能伸，最善通经活络。他用藤类药物治疗女性湿瘀互结的带下病常有奇效。带下病与湿瘀密切相关，湿为阴邪，其性重浊黏滞，最易阻遏气机，导致冲任二脉功能失常，血行不畅而形成湿瘀互结的带下病变。治疗当在祛湿的同时不忘祛瘀，以藤类药物通经疏络，清除脉络瘀积，使肝气行，脾运得健，肾藏得固，任脉得通，带脉得束，带下之疾自能痊愈。在藤类药物中，班秀文尤为喜用鸡血藤。盖因鸡血藤味苦微甘，性温，善入血分治血病。西南文史古籍中对少数民族使用鸡血藤的经验多有记载，并称鸡血藤为“血分之圣药”。鸡血藤以补虚补血为主，善治虚证，尤其是血虚偏寒者。此药补中有行，巧治瘀血，且能通养血脉，常用于治疗各种慢性炎症所致之带下，也是治疗月经不调、宫寒不孕之常用药。又如忍冬藤，班秀文认为该药性味重厚，不如花之轻清，解气分之毒力不及金银花，然通络清热、清脉络之热毒则疗效优于其花，且茎藤质地重厚，治疗下部之湿瘀壅滞、脉络不通有良效。因此，在治疗缠绵难愈、体虚与湿瘀俱重的带下病之时，忍冬藤为首选药，能清中寓通，且能扶正，使脉络通畅，瘀祛新生，而顽带得愈。

班秀文在妇科疾病的诊治中，常加入益母草。益母草被认为是妇科良药，其性味苦、微寒，不仅能入心、肝和膀胱经，而且能直入冲、任二脉阴血之海，有行中寓补、祛瘀生新的作用。他在辨证论治的基础上，加入益母草，以达到直入血分之功，同时又具有祛瘀生新、利水消肿的作用。此外，益母草不仅常用于妇科疾病，凡血分病变的各科疾患都可加用益母草施治。

班秀文在长期的临床实践中，集百家之长，融会贯通，逐渐形成了对妇科疾病独到的见解，独特的治疗方法。经他治愈的病人不计其数，不少顽疾也霍然而愈，上门求医者更是络绎不绝。

壮族医药　华夏奇葩

壮族是现今中国少数民族中人口最多的一个民族。壮族人民在长期的生产生活实践中，创造了壮医这一具有鲜明地域特征和民族特色的传统医药。壮族地区属于潮湿多雨的亚热带气候，境内重峦叠嶂，丘陵延绵，山林茂密，动植物繁多。在这样的地理环境中，产生了痧、瘴、蛊、毒、风、湿等带有地域性特点的病害，且自古以来这里就是此类疾病的高发区。壮医有着悠久的历史和丰富的医药文化，有壮医目诊、药线点灸疗法、针挑疗法、火针疗法、药物竹筒拔罐疗法、药物熏洗、刮痧等独特的诊疗技法。在广西柳州、桂林、南宁等处发掘的旧石器时代和新石器时代出土文物中，就有壮族人民用以治疗疾病的砭针、陶针、骨针。壮医曾经为民族的生存、繁衍和健康作出了重要贡献，它与中医学一样，同属于祖国的传统医学。虽然两千多年前的壮族先民就懂得医术，但壮医理论更多的是以口耳相传、师徒授受的方式在民间世代流传。千百年来，壮族医学还没能像中医、藏医、蒙医那样形成较完整的理论体系。

班秀文的祖父、父亲都是当地的壮医医生。他在长辈的教导下，得到了最初的医学启蒙。从南宁医药研究所毕业之后，得益于所掌握的壮医技术和丰富的药物知识，他在山区的医疗工作能够顺利展开。在一次次使用针灸、竹罐、草药的治病过程中，班秀文不禁在心中有所感慨：壮医药是一门实用性很强的医学，如果我们能对这门医学进行系统而深入的整理、发掘、研究，这对医者、对群众都将大有益处。

1952 年 9 月，班秀文参加了广西民族卫生工作队。从此，他开始了在壮乡苗寨的行医生涯。他和其他壮医同事一起，在有着丰富自然药物资源的乡村之间，跋山涉水，顶风冒雨，采药制药，沿乡看病，送医上门。在此期间，他学到了民间医生传授的经验：只需一条线、一盏灯，就能治疗畏寒、发烧、麻木等病证的“药线点灸”；把草药装在袋里佩挂身上，就可以防治疾病；针刺放血可以治疗急性热病。这些方法看似简易，却能屡屡收到奇效。班秀文一边行医，一边将这些方法记录下来，与跟随当地壮医行医时所学到的知识一并加以整理。每到一处，就向群众打听当地有名的壮医，前去讨教。由于广西山区贫困且相对封闭，经济、文化仍十分落后，壮医病名多用壮语表述，虽然这些病名简单，但有的只有用壮语才能理解，难以汉译。而且在边远山区的壮族民间，某些壮医治疗疾病，往往以巫术的形式出现。他们念咒语、喷符水，这令班秀文感到，要将壮医予以科学总结，实非一件易事。

1982年，在中医领域已卓有成就的班秀文晋升为广西中医学院第一批教授，他愈发感到，经过长期的实践探索积累，将壮族医学加以整理和挖掘的时机已经成熟，壮医药在祖国的医学中应有一定地位。壮医与中医在思维方法和诊断治疗上有许多相似之处，相互影响渗透，但又各具特色。中医以其广博的典籍和丰富的临床经验而著称于世，壮医也以其取材方便、简便易学、疗效显著而传承于壮乡。中医经过历代医家的不断总结完善已形成较为系统、较为完善的理论体系，并得到较好的普及和发展。与中医相比，壮医仅局限于广西壮乡之中，并不为壮乡之外广大的医家和群众所熟知。壮医要想被人们学习和广泛接受，首先需要有更多的人认识它。如何认识？过去的口耳相传和师徒授受的方式显然是不行的。壮族有自己的语言和文字，虽然极具民族特色，但这种没有普及的文字，能否有助于让壮医被人们所认识？许许多多的问题在班秀文的脑海里不断撞击。他认为，汉语是中国人的母语，把壮医的诊疗理论用汉语言文字加以总结整理，并编辑成册，让我们的同行去研究它，让我们的学生去学习它，让我们的人民群众去了解它，不失为一条途径。

起步是艰难的，壮医没有规范的文字记载，很多壮医理论的阐述散见于一些汉文史料或部分医籍中。在没有系统进行挖掘整理前，壮医尚缺乏完整的理论。但它得以传承千年，并在今天还在应用，说明壮医有其存在和发展的现实基础。要想使壮医得到医学界的认可，理论体系不可缺。在《中华人民共和国宪法》和《民族区域自治法》关于发展民族传统医药的规定和精神指引下，班秀文和广西中医学院的一批壮医药研究工作者呕心沥血，进行了广泛的实地调研，遍查广西地方志、博物志，通过文献整理、临床验证、实验研究，逐步整理总结出较为完整的壮医理论。1984 年 6 月，广西中医学院成立了壮医研究室，班秀文任主任，直接指导我国第一家壮医门诊部的筹建和诊疗工作。1985 年 9 月，班秀文招收了第一批专攻壮族医药史的硕士研究生。同年 11 月，他担任广西民族医药研究所顾问。至此，班秀文实现了他年轻时的理想，为广西民族医药事业作出了突出贡献。壮医有了自己的高级人才队伍，壮医门诊部的成立，也让更多的人接受并喜爱上了这一价廉、效佳的治疗方法。

如今壮医学完成了从仅靠传授经验到形成系统理论的飞跃，成为一门相对独立、逐步成熟的学科。壮医学理论体系的形成，将古老的壮医带入了一个新的发展阶段。广西中医学院自 2002 年起开始招收中医学壮医方向五年制本科生，使壮医教育逐渐普及，为广西乃至全国培养了不同层次的壮医人才。随着壮医理论通过相关专家的认定，与壮医学科建设相关的壮医执业医师资格考试和认定、壮医诊疗标准的确立和壮医临床分科等事宜，已被国家有关部门提上议事日程。班秀文为保护民族医药，也为他的民族作出了积极的贡献。

长寿要旨　养生第一

衰老是自然规律，但自从岐黄之术被人们认知、掌握之后，人们便开始有意识地利用医学知识来预防衰老和延长寿命。中医学最早的一部经典著作《黄帝内经》中，就提出了许多预防衰老的措施。班秀文喜研经典，对于预防衰老，他很推崇《黄帝内经》中延年益寿的思想和方法，认为它对于现代社会的人们，仍有重要的指导意义。《素问·上古天真论》说："法于阴阳，和于术数，食饮有节，起居有常，不妄作劳，故能形与神俱，而尽终其天年，度百岁乃去。"很显然，这对今人之养生保健仍然有重要的指导意义。

班秀文认为，"保护正气，防治病邪"是

《黄帝内经》关于预防衰老的关键。如何顾护正气，抵御疾病，使精神条达，身体安康，让百姓享受长寿之乐，是自《黄帝内经》以来，中医药学研究的重要课题。在这方面，班秀文有着自己的养生理念和经验。

第一，精神要保养。班秀文认为，人的精神与内脏息息相关，多方面的情志变化，对内脏有着不同的影响。《素问·阴阳应象大论》说："人有五脏化五气，以生喜怒悲忧恐。故喜怒伤气，寒暑伤形，暴怒伤阴，暴喜伤阳……喜怒不节，寒暑过度，生乃不固。"精神愉快，则能焕发青春，脏腑功能正常，气血通畅，正气旺盛，邪气难以侵入。如七情过极，精神上长期受到不良刺激，或长期忧郁不乐，都足以引起脏腑功能紊乱，气血不和，阴阳失调，以致早衰减寿。《黄帝内经》强调，"嗜欲不能劳其目，淫邪不能惑其心"，明确告诫世人，不要有非分的妄想，不要计较个人的得失，要性情开朗，胸怀坦荡，光明磊落，兢兢业业地工作和学习，避免精神上受到不良的刺激，从而达到“精神内守，病安从来”。若平素体质健壮，气血充沛，短暂的精神刺激一般不至于影响人体健康。班秀文认为，情志可以影响健康，反过来，健康的身体，对于情志的变化也有着自我调节能力，如过怒、过喜、过思、过忧、过恐，虽能损伤相关的脏器，但悲能胜怒，恐能胜喜，怒能胜悲，喜能胜忧，思能胜恐，所以《灵枢·本脏》中说：“至尽天寿，虽有深忧大恐，怵惕之志，犹不能减也。五脏皆坚者，无病；五脏皆脆者，不离于病。”也就是说，五脏气血旺盛调和，正气充沛时，虽暂时受到不良刺激，但尚不至于发病；反之，如五脏气血不足，正气衰弱时，一旦受到不良的刺激，便可因精神不调而发病。这就是中医学所谓的“七情致病”。

第二，体质要锻炼。《黄帝内经》认为，正

常的体力劳动和锻炼，能够促进气血流通，增强体力，防御疾病，所以既要“和于术数”，进行气功、导引等锻炼，又要“夜卧早起，广步于庭”，“无厌于日”。人要保持机体活力，要经常运动，“以动为纲”，同时更要“劳逸结合”。这样才能保持动静适宜，保持身体节奏的和谐。尤其是患慢性疾病的人，更应该注意锻炼，所谓“去菀陈莝，微动四肢”，就是既要治疗，祛除病邪，又要活动四肢，进行锻炼。但这种锻炼必须是“形劳而不倦”，适可而止，做到劳逸结合，才能收到“气顺”的效果。因为过劳或过逸都能伤形耗气，损害健康。《素问·宣明五气》有“久视伤血，久卧伤气，久坐伤肉，久立伤骨，久行伤筋”之说，真是至理名言。不活动、不锻炼不好，过劳、过逸也不好，必须是“不妄作劳”，有劳有逸，才能保持身心健康。

第三，饮食要调节。饮食是摄纳营养、维

持人体生命必不可少的条件。但饮食失调，又是导致疾病发生的重要原因之一。所以《黄帝内经》强调“饮食有节”，不要“以酒为浆”。要注意“饮食自倍，肠胃乃伤”，如饮食太过，不仅损伤脾胃的腐熟运化功能，而且还会损害到其他脏腑。例如长期过食肥甘厚味，或嗜酒无度，以致痰浊湿热内生，经脉不利，气血壅滞，常可发生痔疮下血，或各种疮疡等病变。尤其对食物的偏嗜，更容易引起部分营养物质的缺乏或气血阴阳的偏盛偏衰，造成各种病变的发生。《素问·五脏生成》中有“多食咸，则脉凝泣而变色；多食苦，则皮槁而毛拔；多食辛，则筋急而爪枯；多食酸，则肉胝皱而唇揭；多食甘，则骨痛而发落，此五味之所伤也”之说。就是说，多食咸味，易致血脉流行凝涩不畅；多食苦味，易致皮肤枯槁，毫毛也会脱落；多食辛味，易导致筋脉劲急，爪甲也会枯槁；多食酸味，易致肌肉变厚皱缩，嘴唇也会起皮；

多食甜味，易致骨骼发生疼痛，而头发也会脱落。可见饥饱失常，偏食嗜饮，饮食不洁，都可以引起某种疾病的发生。所以在饮食上必须“食饮者，热无灼灼，寒无沧沧，寒温中适，故气将持，乃不致邪僻也”。此外，还要调节饮食种类，做到不偏不嗜，不辛不热，不燥不腻，粗细结合，这样才能使脾能升、胃能降，消化吸收功能正常，气血来源充足，正气充沛，从而增强人体抵抗病邪的能力，保持身体健康。

第四，性欲要节制。夫妻之间，情兴性欲是正常的生理现象。但“夫精者，身之本也”。肾精的盈亏，决定人的生长发育以及衰老死亡。肾精的充盈或不足，除了先天禀赋之外，很大因素取决于后天的调养，如果对性生活有正确的认识，善于节制性欲，则肾精经常盈满，年虽老而不衰。反之，如《素问·上古天真论》所说“以妄为常，醉以入房，以欲竭其精，以耗散其真，不知持满，不时御神，务快其心，逆于生乐”，则精气枯竭，真阴耗散，戕伤其根基，就会“未老先衰”，如遇外邪，则易乘虚而入，于是百病丛生，甚至因此死亡。

第五，病邪要防避。《黄帝内经》强调正气在防病中的主导作用，但并不否认邪气对人体健康的影响。当外来邪气急骤暴烈，超过正常抵抗力时，邪气也可起到主导作用。《素问遗篇·刺法论》在提出“正气存内，邪不可干”之后，接着提出“避其毒气”的观点。《黄帝内经》对于防病避邪的论述，有“未病先防”与“已病防变”之分。所谓“未病先防”，就是除了经常采取有效措施，保护正气之外，还要防止邪气的侵犯。这可从两方面入手：一是注意防避，所谓“虚邪贼风，避之有时”；二是利用药物、针灸的作用，增强体质，防止病变内生。所谓“已病防变”，是根据疾病的传变规律，进行有效的早期治疗。“邪风之至，疾如风雨，故善治者治皮毛。”也就是说，当病邪还是很轻浅的时候，就要及时治疗，这样既易祛邪又不伤正。“治五脏者，半死半生也”，如果等到病邪深入内脏，形成正虚邪实的局面后再治疗，则效果往往不尽满意。可见，《黄帝内经》不仅强调要保护正气，而且对疾病的预防和早期治疗也非常重视。

第六，要适应外界环境。春温、夏热、秋凉、冬寒的四季变化，是促进万物生长的动力。《素问·四气调神大论》曰：“夫四时阴阳者，万物之根本也。”人生活在自然界之中，外界气候的变化对人体有一定的影响。例如春温夏热是阳气旺盛之时，人体阳气趋于外而虚于内，所以要“春夏养阳”，注意保养体内的阳气，不使宣泄太过；秋凉冬寒，是阴气旺盛之时，人体的阴气外盛而内虚，因此要“秋冬养阴”，保护好阴精，不使耗散太过，以适应来年春气升发的变化。从根本上去调节阴阳之气，则体内气血平和，阴阳协调。同时，还要根据各个不同地区气候的差异以及地理环境和生活习惯的不同，采取适当的保养方法。例如，西北地高多寒燥，宜穿厚衣且食辛热清润之品；东南地卑多湿热，宜穿薄衣且食辛凉芳化之品。这样便能保持正气充沛，身体健康。《黄帝内经》还认识到，人类不仅能被动地适应自然环境，更能主动地适应和改造自然环境，从而提高健康水平。《素问·移精变气论》中说“动作以避寒，阴居以避暑”，就是指人类如何主动适应四季气候的变化。总而言之，正如《灵枢·本神》所说：“智者之养生也，必顺四时而适寒暑，和喜怒而安居处，节阴阳而调刚柔。如是则僻邪不至，长生久视。”

班秀文幼年时在乡间放牛，少年时徒步求学，青年时跋山涉水于山间行医，这种经历，使他养成了乐于劳作、勤于活动的习惯和坚忍的性格。自 1957 年调至广西省立南宁中医学校任教后，班秀文既要忙于工作，又要照顾孩子们的衣食浆洗。三代人挤住在一间不到12m²的小屋里，经济上入不敷出，他便和母亲在校园的荒地上开块菜地种些菜，以此接济贫困的生活。在校园里，班秀文保持着早起的习惯。早晨六点不到，班秀文就已到操场上散步，或信步于校园背诵经典。如逢下雨，则在家中活动四肢，拍打腰腿，每次必坚持半小时以上。就算出差至外地也一定早起，在住处周围散步。一天，班秀文偕同他的学生至南宁一县城义诊。早晨七点，学生们起床后却寻不见老师，甚是奇怪。不一会儿，发现他出现在招待所大门前，原来班秀文已在小县城内转了一大圈。班秀文对学生说，早晨空气清新，活动之后令人神清气爽，清阳得升，神明得养，工作起来也精神倍增。就算在国外讲学，或出差开会，他也要抽出时间到市场里转转，一则活动，一则了解中药在国外的加工炮制及售购情况，为中医事业的对外发展出谋献策。

勤读、勤思是班秀文的另一种锻炼方式。班秀文常在家中诵读经典，或宣讲备课书稿，声音洪亮，语调抑扬顿挫。班秀文说，在勤读的基础上，再反复思考。若有所悟，则可触类旁通，举一反三。如此大声朗诵，在反复呼吸吐纳之际，可使气机畅通，气血流通，经脉通畅。同时，勤于思考，还可保持头脑灵活，思维敏捷。

班秀文自小就对饮食无特殊偏嗜，即使生活条件得到改善之后，在饮食上他仍注重多样化，补充营养，以素食为主。他认为《黄帝内经》中“五谷为养，五果为助，五畜为益，五菜为充”等对饮食调节的论述，对人体十分有益。因此，班秀文结合家庭的饮食习惯，常以玉米、豆类为主食，搭配蔬菜及少量的肉类，不过饱饮食，少食糖类食物。班秀文除了应酬之外，平素不抽烟、不饮酒，也不过量进食刺激性食物。他不提倡随意地服用补品、保健品，不迷信广告上的宣传。他认为目前社会上各种渠道的“补药”宣传，多言过其实。补品用得恰当，对身体有益；相反，补而不当，人参、燕窝也能杀人。对于老年体弱者的滋补，他强调通过饮食来调补，以避免药物的偏颇。用他自己的话说：“我的药都藏在食物里了。”

班秀文诊病十分重视病人的精神因素，对于医生本人而言，自我的情绪调节也是十分重要的。因为医生每天要面对各种不同的病证、患者的疾苦及医患之间的关系。人非草木，皆有七情六欲，生活在社会里，受到外界的刺激，生活的重担、工作的压力对自身都有影响。在日常生活中，常常碰到这样那样的问题，往往会引起“七情过极”导致疾病，而调节自己的情绪是保证心理健康的关键。班秀文经历过战火纷争的年代，也曾苦于人与人之间的勾心斗角。但他一心钻研医术，与人为善，待人谦虚，不计较个人名利得失，“不以物喜，不以己悲”，在医林拼搏数十载，在自己的技术得到提高的同时，又毫无保留地将经验传授给学生。他教育他的子女们，为人要积极向上，刻苦踏实，胸襟开阔，心态平和。如此坚持数十载，无怪乎班秀文勤而不怠，同时又恬淡虚无，始终留给内心一份平静。

广施医道　育人不倦

班秀文常言："医者，病家性命所系，为医者既要有割股之心，又需医道精良，方能拯难救厄。"他常教育他的学生，学医者要有坚强的意志和百折不挠的献身精神，精勤不倦，持之以恒，方能攀登医学高峰。作为一名医生，首先要以人道为怀，以救死扶伤为己任，不见利忘义，不嫌贫爱富，不沽名钓誉。医者就是要诊疗疾病，解除病人痛苦，保护生命。因此，在他步入医林后，对穷困者不但免费看病，还赠医赠药，甚至补贴路费。作为一名妇科医生，面对女性患者这一特殊群体，他更是细心和耐心。女性素来较男子多愁善感，她们不但承担着家庭的重任，也面临工作的压力，患病后不但影响日常生活、工作，甚者影响家庭的和睦。诊治女性患者，除了要考虑她的身体疾患，还要重视其心理因素对治疗效果的影响。几十年来，班秀文诊治过的患者有高干、工程技术人员、教师、医生，更多的是工人、服务员、农民。无论患者职位高低、贫富贵贱，他都热情随和，一视同仁。遇见情志不畅、情绪低落者，特别是辗转求医、久治未愈的患者，班秀文更是细心地诊治，耐心地开导，使其消除思想负担，树立信心。

班秀文认为，为患者解除病痛之苦是医生的本职工作，医生是用自己的智慧与疾病作斗争的战士，而自己亦会在战斗中成熟。在广西中医学院工作的日子里，他白天给学生上课、出门诊，回到家中还要备课、看书、书写医案。每天上门求诊的人络绎不绝，班秀文不忍心将患者拒于门外，于是他便开了晚间家庭门诊，对前来看病的人，他分文不取，义务看病。40

多年来，每晚到家中求诊的患者多则十余人，少则二三人，他的斗室既是卧室、书房，又是诊室，先来的病人坐在小板凳、床铺上，屋内坐不下了，他就招呼家人拿上椅子让站在门外的人坐下候诊，直到把所有的病人诊治完毕，开好处方才休息。因年事已高，他不再讲课了，但仍坚持到医院坐诊，尽可能满足患者需求，对疑难病患者，则延至家中，耐心诊治。

班秀文已经退休多年，不再到门诊坐诊了，本该好好休息，安享天伦之乐，但还是有很多病人慕名前来，找他诊病。班秀文从不拒绝这些病人，每天上午，总会有十多个病人在他家的客厅排队等待治病。班秀文依然会耐心询问每一个病人的情况，并写好处方，交代注意事项，而他仅仅收取最基本的挂号费。即使在他 85 岁时还常常要忙到中午 12 点以后，有时甚至到下午 1 点也不能休息。这对于一个 85 岁高龄的老人来说，实在是十分劳乏。有时家人觉得班秀文太操劳，就劝他别再接待那么多病人了，但是他说：“这些病人都是慕我的名而来的，而且大多数病人都是在其他地方经过较长时间治疗而没有治愈，才会来找我医治的，我不能拒绝他们。我这个医生要一直当到 90 岁！”看到班秀文为了诊治患者，不能按时吃饭、就寝，家人心疼不已，但也十分理解，这是他热爱而为之倾注心血的事业，又是他作为一名医者对患者的承诺。

班秀文早年行医时，并没有门诊病历，于是他就自己记录每个求诊病人就诊的时间、主诉、证候及所用处方药物、剂量，并编上序号，予以保存。这样如果病人再次就诊，他就将患者复诊的情况如服药后的变化、舌脉等，及本次的用药一一详细记录。每一个病例都记载得很详尽。后来有了门诊病历，但班秀文仍一直保持着这种认真书写病案的习惯。每年他都会将自己记录的病案仔细地装订起来，加以留存，以备查阅分析，几十年来书写的病案就有数十本。他认为，通过对病案认真地归纳、整理，能更好地加深对疾病的认识，也能够从中总结治疗的经验及教训，掌握规律，以便更好地指导临床，治疗疾病。记录医案，能给后人留下宝贵的财富。后人通过分析这些病案，揣摩总结，可细心体会辨证施治的思路，学习经验，用以指导用药，这样才能在继承的基础上有所创新。

班秀文对每个病人都能做到细心、耐心及关心。一次，一位纺织女工经人介绍到班秀文家求诊。患者婚后1年内发生了3次自然流产，后在医院采用避孕针避孕，结果又导致月经紊乱——每月经行2～3次，每次出血量多，不能自止，需使用口服止血药或注射止血针方能止住。数次堕胎加上反复大量的不规则阴道出血，使年纪轻轻的她面容枯槁，弱不禁风。那天晚上，前来就诊的病人很多，她羞于启齿，就在屋里角落找了个小板凳静静坐着。晚上11时，患者相继离去，屋内寂然无声，班秀文一脸倦容，边活动肩颈边收拾桌子，突然发现这个怯生生坐在屋角的憔悴女子。他先是有些愕然，随之立即招呼道："你是来看病的吗？"女子点点头，话未出口，就哽咽起来。班秀文赶忙安慰她说："不要哭，有些病吃药就能治好！"听到班秀文的话，她更是泣不成声。一年多来，她跑遍了市里各大医院，看病吃药已是家常便饭，疾病难愈让她心力交瘁，而现在听到班秀文说她的病有治愈的希望，内心百感交集。班秀文让她坐到桌旁，给她切脉、看舌象。根据她的症状，考虑她为肾气不足，胎元不固，而致滑胎；肾失封藏、冲任不固，肝血亏虚，疏泄失常，则发为崩漏，证属肝肾亏虚型。遂拟滋养肝肾之处方，以归芍地黄汤加减治之，并再次肯定地对她说："别担忧，安心用药，我能治好你这病！"班秀文的话如暖风般吹入她的心田。她连服10多剂中药后，再次行经时，月经周期已基本正常，色量均佳。在接下来的治疗中，她积极配合，听从建议，配以药膳调理，两个月后，她怀孕了。班秀文又以温养脾肾、补益气血、安胎之法治疗。10个月后，她顺利产下一健康的男婴。当她兴冲冲地给班秀文送去一个大红包时，班秀文无论如何都不肯收，反而劝她说："你一个女工，存点钱实在不易，还是拿回去好好补补身子吧!"她感激得热泪滚滚，逢人便说她遇到了大善人。

事后班秀文对其学生及儿子说：治疗妇科疾病要注意几个方面的问题。

第一，脏腑辨证是妇科病治疗的主要依据。审证求因，辨证论治，是认识疾病和立法遣方用药的依据。妇科病的治疗主要是以脏腑辨证为依据的，这不仅是因为脏腑辨证是各种辨证的基础，还因妇科疾病主要属于内伤病的范畴，只要结合八纲辨证，掌握脏腑生理功能的共性和每个脏腑的特性，便能对病变的部位、性质有较全面的认识。当然，在强调脏腑辨证为主要依据的同时，并不否认气血津液等其他辨证，但这些辨证方法，必须在脏腑辨证的基础上才能完成。因为气血津液的来源，先天始于肝肾，后天来自脾胃。疾病表现情况如何，标志着正邪相搏的胜负，是脏腑气血盛衰的表现。

第二，要充分调动病人的积极性，注意防与治相结合。药物是治疗疾病的重要因素，但不是决定因素。决定的因素是人而不是物。各种治疗措施，只有通过人才能起作用，所以在治疗疾病的过程中，要正确处理好人与物的关系。医务人员要有深厚的感情和高度的责任心，处处关怀和体贴病人，并做好病人的思想工作，使病人树立信心，正确对待并努力战胜疾病。临床上常常遇到一些由于情志影响肝气郁结而导致的月经不调、痛经、崩漏、胎漏等病例，如果患者树立了乐观治病的思想，就能使情志舒畅，精神振奋，气血调和，阴阳平和，抗病能力增强，从而收到比较满意的治疗效果。反之，疗效就相对较差。同时，治病始终是一个消极的、被动的措施，应该积极地贯彻“预防为主”的方针，根据疾病发生的规律及可能的传变，做到“未病先防，已病防变”，防微杜渐，保证妇女的健康。

第三，着重调理气血，正确掌握血药与气药的应用。女性的病变往往表现在血分的不足，所以《灵枢·五音五味篇》说：“妇人之生，有余于气，不足于血，以其数脱血也。”气为血之帅，血为气之母，在治疗妇科病时，要时刻考虑到气血的调和，阴阳的相对平衡，做到“治血不忘气，治气要顾血”，以防其偏颇，进而达到“疏其血气，令其条达，而致和平”的目的。基于以上观点，治疗时对血药与气药的应用，必须要认识到以下几点：

①气药多辛温香燥，容易耗伤阴血；血药

多甘腻，容易使气机受到阻滞。故运用时，要掌握好剂量与疗程，做到恰如其分。②气为阳，血为阴，气行则血行，阳生则阴长，在血药中要适当配用气药，甚至采用益气生血法，如当归补血汤等。③补血与行血有相辅相成的作用，故组方宜补中有行，行中有补，以达到补而不腻、行而不伤正的目的。④出血者的正治是止血，反治是化瘀，止血与化瘀，两者有极为密切的关系，不止血则有血崩阳脱之虞，不化瘀则新血不得归经，虽止血而不效。所以宜止中有化、化中有止，以达到“止血而不留瘀，化瘀而不破血”的目的。⑤血赖气以行，得温则通，遇寒则凝。故对瘀血凝滞的疾病，除了应用行气活血破瘀之品外，必须适当佐以温通之剂，这样疗效才会比较满意。⑥炭类药包括一切收敛药的应用不应过早，以免留瘀遗患。炭类药性能收敛，在出血证中常用，但必须在无腹痛或腹痛极轻、无血块或血块极少的情况下应用。应用炭类药，还要根据病情的寒热虚实而用，如血热宜用黄芩炭、黄连炭、栀子炭等凉血止血的炭类药，血寒者宜用干姜炭、艾叶炭等温血止血之品。

班秀文提出，作为一名现代的中医妇科医师，要走中西医结合的道路。中医学由于受到历史条件的限制，仅凭四诊八纲等方法，有些病的发病部位是难以作出正确判断的。例如先天性无子宫引起的闭经和输卵管闭塞所致的不孕症患者，往往六脉平和，也无特殊不适之处，如果不依靠现代医学的配合检查，即便是医者四诊周详，也仍较难探知其病变所在，也不知其病情的症结。因此，必须把中医辨证与西医的辨病很好地结合起来，这样才能全面地了解疾病。当然在配合现代医学检查、了解疾病的同时，切不可忽略辨证论治的重要性。不问寒热虚实，不考虑病人的具体情况，盲目地生搬硬套，结果不但达不到预期的治疗效果，反之还会给病人带来不应有的痛苦。班秀文在面对千变万化、错综复杂的疾病时，始终坚持以唯物辩证法为武器，通过四诊搜集资料，八纲辨证，适当结合辨病，从调理脏腑气血着眼，扶助正气，祛除邪气，如此则常可药到病除。他自己如此行医诊病，也如此教导他的学生们。

在教学上，班秀文对所授之课必经过认真备课。每上一节课前，他都会将讲课的内容、要点及各类图表详细地写在备课纸上。每节课所写的讲稿多则六七页，少则三五页，一个学期下来，每门课程都有一本厚厚的讲稿。他在写完讲稿后，还会大声地将讲稿朗读一遍，并记录时间，如所需的时间超过或者少于 45 分钟，或调整语速，或对讲稿进行修改。此外，班秀文在备课的时候，还注意参照各类医书，尽可能做到尽善尽美。目的是通过引经据典，开阔学生的思路，提高学生的学习兴趣。为此，班秀文常常工作至深夜。

班秀文为医善治顽疾，教导学生则全心全意地传道、授业、解惑。由于班秀文知识广博，中医基础理论扎实，对中医古籍研究精深，故曾先后担任伤寒论、温病学、中医基础理论、中国医学史、中医各家学说、中医诊断学、中医内科学、中医妇科学等课程的主讲教师。他白天给学生上课，回家需操持家务，晚上还有患者上门求诊，但他热爱中医教育事业，爱护学生，平易近人，谆谆善诱，诲人不倦，桃李遍及八桂大地。他是广西中医学院第一位硕士研究生导师，培养了一批优秀的中医研究生，现在这些人已是南疆绿城的中医骨干，其 3 名学术继承人李莉、卢慧玲、钟以林已成为活跃在国内外的中医妇科优秀人才。

班秀文早年因家境贫寒，仅读过 7 年书，但他的成就是巨大的。这些成就来自他一生勤奋自勉、坚持不懈、刻苦努力。班秀文常用“学无止境，勤能补拙”来勉励自己。他治学中最大的特点就是一个“勤”字。“勤”在班秀文身上具体表现在四个方面，即勤读、勤思、勤问、勤学。勤读，即熟读经典，博览群书，博中有专。班秀文在长期的医药实践中深深体会到，要在医学领域有所作为，必须在中医经典原著上狠下工夫。中医学术理论源远流长，必须以经典原著为基础，溯本求源，根基牢固，日后才能枝繁叶茂。他行医70余载，刻苦钻研岐黄之术，耄耋之年仍不忘学习，每日手不释卷，除了读书，别无嗜好。他认为，学习经典，尤须学好《内经》、《伤寒论》和《金匮要略》，前者解决中医基本理论问题，后两者是理论与实践相结合的典范。在此基础上，再阅读历代诸家名著，从源及流，博采众长。班秀文认为，熟读还须精思，思而得悟，举一反三。学习前贤理论，务必领悟其要旨，不可执而不化。对于中医经典著作中的精辟论述，要钻研细读，反复玩味，去粗存精，突破前人理论和治疗方法上的局限，进行创造性发挥，这样临证才能得心应手。勤问，则为“不耻下问”。班秀文认为，作为医者，要有虚怀若谷、不耻下问的美德。他除虚心向前贤及同道质疑求教外，还注意时时处处向群众学习，收集民间单方、验方，总结群众防病治病经验，集众之长，融会贯通，从而形成了自己独特的治疗风格。班秀文不仅谙熟古典医籍和各家学说之精华，而且对现代医书及报刊的有关论述与经验亦博搜广集，他善记笔记，勤写心得，一有所得便记之于案，不断积累经验。他一贯重视收集和积累资料，不但收集医案，详细记录，还加以整理，分析总结。这样坚持数十年如一日，积久而成大作。他先后在国内外学术刊物上发表了60余篇学术论文，内容以妇科为主，旁及内、儿、针灸各科。他撰写的论文《论六经辨证在妇科中的运用》、《论治肝的特点与妇科病的治疗》、《试论心与妇科的关系》等在全国学术会议上宣读。

近年来，在其学术继承人李莉的指导下，班秀文治疗妇科疾病的学术经验的研究整理工作已陆续展开，计划通过计算机信息网络平台将其学术经验的应用推上更高的层次。班秀文的儿子、女儿、孙子、孙媳均投身中医妇科事业，承其衣钵，将班氏丰富的诊疗经验予以继承和发扬。

班秀文是一位从农村走出来的名医。他谦虚、朴实，博极医源，精勤不倦；他体察民疾，治病救人，广行仁道，成为一代妇科高手；他治学一丝不苟，执著地攀登医学高峰；他广育英才，为当世杏林大家，激励无数后辈在学习中医的路上不断前进。“国医大师”的这份实至名归的荣誉，正是对他 70 余年来继承和发扬中医所取得成就的最高褒奖。

（撰稿人　班　胜　黎　敏）

《中华中医昆仑》丛书 150 位医家名录

（按生年排序）

张锡纯	丁甘仁	萧龙友	王朴诚	恽铁樵
曹炳章	冉雪峰	谢　观	施今墨	汪逢春
孔伯华	黄竹斋	吴佩衡	蒲辅周	陈邦贤
李翰卿	李斯炽	姚国美	陆渊雷	张泽生
时逸人	张梦侬	叶橘泉	王聘贤	陈慎吾
邹云翔	赵炳南	承淡安	余无言	刘惠民
岳美中	沈仲圭	秦伯未	赵锡武	韦文贵
程门雪	黄文东	赵心波	董廷瑶	吴考槃
章次公	石筱山	陆南山	张赞臣	李聪甫
刘绍武	陈存仁	朱仁康	陆瘦燕	姜春华
韩百灵	高仲山	李克绍	王鹏飞	刘春圃
金寿山	哈荔田	何世英	周凤梧	干祖望
关幼波	王为兰	任应秋	罗元恺	祝谌予
杨医亚	郭士魁	何时希	耿鉴庭	俞慎初

裘沛然　顾伯华　江育仁　邓铁涛　门纯德
刘渡舟　尚天裕　朱良春　李玉奇　程士德

尚志钧　赵绍琴　董建华　米伯让　李辅仁
张珍玉　班秀文　颜正华　于己百　颜德馨

路志正　方药中　王乐匋　黄星垣　谢海洲
余桂清　何　任　王子瑜　程莘农　陈彤云

焦树德　张作舟　张　琪　李寿山　张镜人
王绵之　方和谦　印会河　王玉川　蔡小荪

李振华　马继兴　王嘉麟　宋祚民　刘弼臣
王雪苔　刘志明　吴咸中　李今庸　任继学

裴学义　王宝恩　周霭祥　贺普仁　唐由之
赵冠英　许润三　金世元　陆广莘　刘柏龄

徐景藩　吉良晨　吴定寰　沈自尹　王孝涛
张灿玾　周仲瑛　强巴赤列　张代钊　李经纬

郭维淮　柴松岩　苏荣扎布　陈可冀　李济仁
夏桂成　郭子光　巴黑·玉素甫　张学文　陈介甫